S`LEM

Edeltraud Mauthner

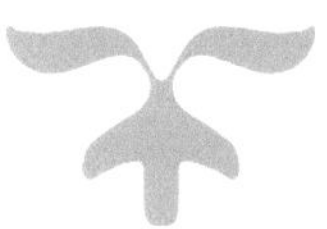

© 2024 Edeltraud Mauthner

Verlag: BoD · Books on Demand GmbH, In de Tarpen 42, 22848 Norderstedt

Druck: Libri Plureos GmbH, Friedensallee 273, 22763 Hamburg

ISBN: 978-3-7597-8522-0

Inhalt

Vorwort

Imma hob i de Zeit gnutzt, um a Hakal auf meina Bucket list zan setzn, waun wieda amoi wos erreicht woa.

Fia jene Leser, de no nix va ana soichn Listn ghert haum, mecht i den englischn Ausdruck erklärn. Es haundelt se darum, dass ma bestimmte Dinge nu vorm Tod mocha wü. Dazua ghert a, dass i a Biachl üwas Lem schreib, und zwoa so, wia mia da Schnobe gwoxn is. Des is fia mi a gaunz wichtigs Kapitl, wäu se vüles von dem i schreib, wia a rota Fon duach mei und woi unsa olla Lem ziagt.

S´Woidviertl is Grenzlaund und freili va ana bsundan Oat. De Woidviertla Mundoat is scho a bissal eign, owa sicha nu zan vasteh! Trotzdem wean de Leit oft Hintatupfinga gnennt. Wos so vü hoast, wia dass mia a bissl zruck bliem san. So wos mocht mia goa nix aus! I bin a stoize Woidviertlarin und des vatrog i. Mit mein Biachl mecht i dazua beitrogn, dass der Dialekt net ausstirbt! I sog sogoa, dass dea zum Wötkulturerbe gherat.

Mei Erstlingswerk hob i während da Coronazeit augfaunga zan schreim, do san de Theman nua so gsprudlt und i hob gschriem und gschriem.

Ois Laie geht ma aum Aufaung beim Schreim unvoaeingnumma auns Werk. Trotzdem hots Zeitn gem, do hob i Duachhänga gobt und es is nix weita gaunga. Fost aufgem woit i, oba es gibt imma wieda an Weg, vurbei aun so mauncha Engstöh und letztendlich is aus meine Flausn sogoa a Biachal woan.

Büdln hob i a a poa aus mein Fundus aussagfischt, des woa a schene Hockn. Oba so a Biachal soi jo a wos zan Auschaun haum, gö.

Woatn

Des Woatn ziagt se wia a rota Fon durchs Lem. Imma wieda muass ma auf wos woatn. Dabei kaun jeds Woatn entweda guat ausgeh oda a net. Maunxsmoi kau ma des söwa beeinflussn, owa vü hängt a va aundare Umständ o.

Des beginnt scho, waun a Kind auf d´ Wöd kema soi. Meine Ötan haum des Woatn aum viertn Febra 1956 dalebt, weu do hob i des Liacht da Wöt erblickt. Olladings woa i tatsächli a schwierige Geburt. I hob mi domois so kwer glegt und de Entbindung is aus dem Grund dahoam net megli gwesn. Meine drei Gschwista worn Hausgeburtn, wos zu dera Zeit gaunz normal und übli woa. Durch den gschüdatn Umstaund oba hot unsa Hausorzt, da Dokta Ehrlich aus Schwoazenau, mei Mami und mein Papsch noch Ollingsteig bringa miassn, durt woa des nextglegne Kraunknhaus. Obs domois scho a Rettung gem hätt, woas i net.

Des Problem woa der Transpurt meiner in den Wehen liegenden Mami. Es hot aun dem Tog sovü gschneibt und es woa ka Weitakemma mit dem Käfer, den da Dokta gfoan is. Mei Papsch und da Dokta haum beim Strassl, so sogn de Einheimischn za den Weg, wo se des Dilemma ogspüt hot, imma wieda stehbleim miassn und den Schnee wegschaufin, dass´ wieda a Stickl weiterkemma san. Va Limpfings bis za da Kreizung, wo´s noch Ollingsteig geht, woan sovü Kwadn, de des Foan behindat haum, und mei Mami hot net gwisst, wias de unmegliche Geburt nu aussezögern soi.

Letzendli haums de Drei trotz de schwierigen Vahötnisse bis ins Spitoi gschofft und durt bin i ois Kaisaschnittkind auf´d Wöt kemma. Mei ödara Bruada erzöht imma nu de gleiche Story. Unsa Papsch is noch meina Geburt wieda za de drei Kinda hoamkemma und hot gsogt: "Mia haum a Mentschal und de is a gaunz schwoaza Murl." Gmoat hot er damit, dass i sei Hoarforb ghobt hob.

Des erschte Woatn is oiso grod nu guat gaunga und hot si auszoit. I woa oanaseits des Nestscheissal, wos so vü wia des Nesthäkchen hoasst, oba aundaraseits a scho boid da Menetscha der schwierign Famülienvahötnisse. I hob vasuacht innahoib da Famülie an Friedn herz´stöhn, damit´s Lem mitanaunda irgendwia mögli woa.

Ois Kind woxt ma hoit so dahi. Olle Lemsstationen, de se fia mi auftau haum, wü i net aufzöhn. Auf a poa mecht i oba bsundas eigeh. Meine Ötan haum amoi gwoat, dass i auf meine zwoa Fiass steh und lafn kau. Leida woa i net gaunz so gschickt und hob in an Augnblick, wo neamt auf mi gschaut hot, des hoasse Wossa van Hoizofa dawischt und hob mi gscheit vabrennt. Domois und danoch is ma imma wieda, wauns wo zan rean woa, gsogt woan: "Bis dass du heiratst, is´

wieda guat." - Oisa wieda woatn. Gmiakt hob i ma des scho, wei ois Erinnerung a Braundwundn blim is! De nexte Lektion hots gem, wi i in d´ Schui kema bin. "Du leanst net fian Kramreita-Lehra, sondan fia dei Lem." - Oisa gaunz laung woatn.

Wos is genau s´ Lem?

I hob des va Grund auf kenna gleant und des meiste hob i söwa in d´ Händ gnumma. Wia i in d´ Hauptschui noch Woadhof kema bin, hot´s ghoassn: "Bemüh di, dass d´ in A-Zug kimmst und bleibst. Im B-Zug san nua de fauln Kinda, de nix kinnan." Faul sei beziehungsweise nix toa, des woa in unsara Famülie vapönt! Gleant hot oba neamt mit mia. I hob meine Ötan trotzdem net entteischt mitn A-Zug. Meine Hausaufgobn hob i oft im stessadn Zug, mit dem i va Schworzenau noch Woadhof foan hob miassn, gschriem. Vaschiedane Sprüch va dahoam hob i ollewäu nu im Gedächnis. "Lern wos Gscheids, wäu sunst muasst in d´ Ergee ois Hüfsorbeiterin geh! Duat brauxt nix denga, nua ollewäu den söbn Haundgriff mocha und des is nix fia di." De Ergee woa domois a große Textü-Fabrik in Schrems, wo olle untakema san, de net so gscheid woan.

Noch da Hauptschui hob i de Aufnauhmsprüfung fia de Haundlsakademie bestaundn. Oa Trimesta hob i durt vabrocht. Eines Sonntogs hob i daun in da Kronenzeitung a

Annonz glesn, dass` a Kindamadl in Wean suachan. Durtzumois is de Zeitung, so wia heit a nu, in an grossn Plasiksock auf an Gortnzau beim Glocknstui aufghängt gwesn und ma hot des Göd fia de Blattln in a so a blechane Dosn mit Schlitz einigschmissn. Mia haum domois scho a 4tl-Telefon ghobt und des hob i glei ausgnutzt. I hob hoamle bei dera Famülie augruafa und gsogt, dass i des gean mocha mecht. De haum scheinboa nua auf mi gwoat und mia sofurt zuagxogt, dass i aufgnumma bin. Des hob i daun meine Ötan beichtn miassn. Des Gständnis is owa ohne wenn und owa augnumma woan. De Obmödung vo da HAK hob i va Wean aus schriftli gmocht, wei ois so schnö gaungan is. I woit oafoch weg va dahoam und söba a Göd vadiena und des is ma a durchgaunga.

De erschtn Oawatgeba woan gaunz nett za mia und i hob des fost sechs Monat durt ausghoitn. Währenddessen hob i mi wieda söwa bei mein zweitn und a scho letztn Postn in Wean beworm. Gwoat hob i, obs mi noch da Aufnauhmsprüfung nehman, und hurra, gschofft hob i´s! Im August hob i bei mein neichn Orbatgeba ois Schreibkroft augfaungt. Maschinschreim hob i jo scho in da Hauptschui ois Freigegnstaund ghobt und des hot ma a an Spaß gmocht. Mei kindalose Tant hot ma in Wean so laung Asül gwährt bis za dera Zeit, wo i mi söwa um a eigene Wohnung umschaun hob kinna. Ois Sechszehnjährige hob i mein erstn Mietvatrog unterschriem, des is domois gaunz leicht gaunga. Neamt hot do irgendwos hintafrogt! Des woa nu a gaunz oafoche Soch in Gegnsotz za da heitigen Vagesetzlichung.

Za dera Zeit hob i des Ollawichtigste in mein Lem entdeckt: Mein Mau! Hot er tatsächli auf mi gwoat? Des Wertvoiste is heite mit mia seit mehr ois siemavierzg Joa beinaund. I behaupt, dass mia des Beste, woss´ auf da Wöt gem hot, gschenkt woan is und oft denk i: Hoffantle hoit des nu laung au.

Mei Mau woit owa wieda ins Woidviertl zruck, sei Oawatsplotz woa in Stockarau. Deshoib hauma fia eam in da Gegend, wo ea fria bei seina Muatta glebt hot, a Aunstöllung gsuacht. Im Woidviatl woan de Oabatsplätz dünn gsäht. Ois Lösung des Problems haum mia uns fia a Tankstöh in Schrems entschien. Plötzli woa ea söbständig und sei eigana Schef. Des heat se zwoa guat au, owa iss´ jo in Wirklikeit net. Da Vatrog mit da Firma Total, ana Treibstofffirma, woa scho gaunz schee heftig. Öffnungszeiten tägli und vo Siebane in da Fruah durchgehend bis Ochte aum Omd! Des woa schwierig, wäu mei Vasetzung ins Woidviertl a net va heit auf muagn möglich woa. Er hot den Dreizehnstundntog gaunze ocht Monat alloane durchsteh miassn, daun bin i va Wean ois Vastärkung kema. Deafs a bissl mea sei? Des hot fria da Greissla gfrogt, waun er dir wos extra vakafa woit.

I hob daun in Gmünd a neix Kapitl, de Steian, learna miassn, i hob durt beim Finanzaumt augfaunga. Noch mein Ochtstundntog bin i za da Tankstöh gfoan und hob mein Mau sein Dienst üwanumma.

A Doch üwa unsare Kepf hauma a nu braucht und so hot mei Mau augfaungt unsa Heisal zan baun, nochdem mia an Baugrund kaft haum. Ea woa wia imma in sein Lem sehr tüchtig und bestrebt, dass ma soboid wia mögli in unsa Domizil eiziagn kinnan. Gas gem hot ea scho van Motocrossfoan im Kopf eiprogrammiert ghobt und des hot ea a beim Baun zoagt. A bissl a Geduid hauma scho wieda braucht, oisan woatn bis´ so weit firti woa, dass ma drin wenigstns an Schlofplotz ghobt haum. Noch an Zeidl woa unsa Haus daun fertig und mia wohnan und lem do heite nu und gfrein uns, wäu des haum mi zwoa mitanaund gschofft. Nochm Motto „Panta Rhei" is ollas gflossn und woa unaufhörlich in Bewegung. Es entstengan Dinge und Zuaständ und vagengan wieda. A während ma woat, geht des Lem imma weida!

Noch einige Joa haum mia uns vo da Tankstöh trennt noch dem Leitsotz: Weniga is mea! Gmoat haum mia damit, dass mia weniga Stundn oabeitn und unsa gemeinsaums Lem genießn woin.

Mei Mau hot daun bei oana Baufirma in da Nähe goabeitet bis zu seina Pensionierung und i hobs a dawoat, dass i mit zwarasechzg Joa, oisa noch sechsavierzg Dienstjoa, den Ruhestaund genießn deaf.

Am End va mein Oabatslem hob i scho gspechtlt, wos i in da Pension mocha mecht, dass i koan Pensionsschock kriag. Oan Tram hob i scho in petto ghobt und des woa a Studium an da Universität. I hob tatsächli oan der begehrtn Studienplätz in Krems aun da Seniorinnenuni erhoitn. Des Studium hob i knopp voan erschtn Lockdaun wegn Corona erfoigreich ogschlossn. Drauf bin i stoiz! Im Zertifikat steht, dass i mi jetzt „Senior Expert" nenna deaf.

Zeitgleich zan Studium hob i augfaunga, mi ehrnaumtlich im Pflegeheim in Weitra bei de Heimbewohner/innen, de durt ihren Lemsobend vabringan, eizbringa. Fost jedn Dunnastog übn mia mit olle fünf Sinne, des Gedächtnis zu aktiviern und schärfns glei a nu noch. Fia mi is des gaunz wichti, dass de oidn Menschn koane Stieafkinda da heitign Gxöhschoft san. Leida is des Pflegesystem scho seit einiga Zeit üwafordat und deshoib mecht i mi dem mit an Täu meina Zeit widmen. I mecht denan Leitln des Gfüh vamittln, dass´ a nu in eanara letztn Lemsfase aktiv am Lem teilnehma kinnan.

Meine Tram, Visionen und Pläne wean net weniga. Auf jedn Foi wü i ois nextas a klanes Biachl schreim und wenn ma des gelungan is, mecht i wos davo im Pflegeheim zum Bestn gem. Zu mein Programm durt gheat eh a, dass i Gschichtn in da Mundort vortrog. Meine kaftn Mundortgschichtn gengan mia oba scho laungsaum aus und des woa a a Grund, dass i augfaungt hob söwa wöche zan schreim.

Geduid is bitta, owa sie trogt siaße Früchte, des is a oide Redewendung. I bin üwazeigt, dass i des a nu dawoat. Jeda Mensch hot a persönlichs Woatezimma. Waunn ma se des büdlich vorstöt, daun woaß kana, wievü Plotz do drin nu frei is. I glaub hoit, es is za Lebzeitn nie z`spot wos neix auzfaungan. I bleib drau!

Daungschee

Wia Corona mitsaumt da vaordnetn Entschleinigung fia de Östarreicha kumma is, hob i mi wirkli gfreit. Endli wean de Leit, de imma gstresst woan, ruhiga wean, hob i vamutet und hob mas a gwunschn. Des woa oba nua a Wäu so! I gibs zua - i hob mi teischt! De Bevökarung is wieda in des friare unxunde Foawossa kemma. Warum nua? I hobs net vastaundn und kauns a heit nu ollewäu net glaum, dass` wieda im Haumstaradl drin san und wieda so weita rennan wia vurher. Des warat de Schauns gwesn.

I bin jo scho im Ruhestaund und deswegn hob i des ois, wos se mit Corona und de Vorgobn va da Regierung rundumadum so ogspüt hot, genauer betrochtn kinna.

Mein Mau und mia is während da Pandemie nix Wesentlichs ogaunga. Trotzdem is net ois so oafoch aun mia varüber zogn. Im zweitn Joa va Corona hot se fia mi a wos verändat. Ob i des auf Corona schiam kau oda ob des mitn Oita tstuan hot oda wieso und weshoib, des woaß i net! Zum Beispüh hob i gmerkt, dass se bei mia wos vadraht hot und des hot mi auf a bsundare Weis berührt.

De Erfohrung, de i gmocht hob, mecht i hiatzt a kloas Wengl beleichtn. Foigende Kloanigkeiten san fia mi auf amoi gaunz GROSS woan und lossn mi seit dem nimma los, zum Beispüh de Werte, mit denan i guat lem kau und de vo de aundan, de ma net so gfoin.

Oisdan, i ghea za den Menschnschlog, dea diesbezügli gaunz vü va dahoam mitkriagt hot, wos ma mocha und wos ma liaba lossn soitat. Woascheinli kea i scho za de Leit, wos nimma vü davo gibt. I schreib imma nu mit da Haund Kortn oda Briaf. Waun i wem gratuliern wü zan Geburtstog oda zua

Hochzeit, waun a Baby geborn woan is oda waun Weihnochtn kimt. In da heitign digitalen Zeit is des vielleicht fia vüle oitmodisch oda oitfadrisch, so sogt ma des bei uns im Woidviertl. Oba waun so a Ereignis austeht, find i des perönlicha, dass i mi mit dera Person, de mein Briaf kriagn soi, intensiver beschäftig. Des hoast, i kaf scho amoi a auf de Peron zuagschnittans Bilee, do drin soi daun oba a da passende Spruch steh und net a Nui 8 fuchzana. Soit ma zuaföllig a Reim in da Mundort eifoin, dea zu dera Person passn kinnt, daun nimm i den und bau eam im Text ei. Des Unikat steck i daun ins Kuwer, picks zua und a schene Markn drauf und ob de Post.

So hob i a heia grundsätzli meine guadn Wintsch und de Aunsichtskortn van Ländle, wo mei Mau und i Urlaub gmocht haum, postalisch aun mein engeren Famülienkroas und aun meine „wirklichn" Freindinnen gschickt, wos mi zum nächstn Thema bringt, erwort hätt´ i ma a Daungschee.

Laung hob i drauf gwoat! Gaunz weng is zruckkema. Und wäu so vüle net drauf reagiert haum, hots bei mia gfühsmäßig wos ausglest. Gfrogt hob i mi, weshoib se de net rian. Haum denn de, denan i im Urlaub mei Zeit gschenkt und a schene Kortn gschriem hob, goa koa Zeit, dass sa se bei mia bedaungan? Oda bi i eana wuascht? Es losst mi net in Rua. Des is do net zvü valaungt, wauns mia des Zaubawörtl sogn, oda?

Meine Ötan haum uns Kinda dazöt, dass des a gaunz wichtigs Wort is und dass ma damit ollawei großzügi umgeh soi. Des staumt oisa va dahoam her und mei Gfüh wias ma wehtuat, wei ma des bsundare Wort ogeht, wird imma mea! Des kau i schwa vakroftn. I kunt rean. Des Bandl zwischn de Leit und mia hot an Riss kriagt. Soi i denan, de auf mi komplett vagessn haum, weidahi schreim? Obs eana sunst auffoit, dass va mia koa Post mea kimmt? Soi i des so mocha? I bin hi und hergrissn.

Es gibt owa a Wertschätzung vo gaunz wo aundascht, und zwoa im Pflegeheim, wo I ehrnaumtli tätig bin. I untahoit de Leit und mia toan dabei mitanaund des Gedächtnis auffrischn, mochan a poa Fingaübungan dazua, soweits hoit geht und mia haum a Hetz dabei. I kriag durt va eana jeds moi an Applaus wia a Künstla noch ana Vorstöllung. Es gibt koa Weggeh voa dem Daungschee fia de schene Zeit, de ma mitanaund vabrocht haum. Do kunnt i a rean, owa aus dem Grund, wei´s so schee is. I gfrei mi wia a Schneehos, wauns schneibt. De haum des Wort nu ollewäu net vagessn! Bei mia geht des gaunz tiaf eine in mei Innastes. De oidn Leit wissen nu, wos des bedeit, gem und nema. Do sog i Daungschee!

S´ Digitale

Mit da digitaln Wöt is´ oft a Plog, so jamman de oitn Leit fost jedn Tog!

Ma kimmt oafoch net weida und wird a duachs Probian net gscheida!

Des Problem muaß owa glest wean, es ändat se net nua duachs Rean.

De Jugend hot des in de Fingan. Se druckan blitzschnö wo hi, wischn hin und

hea und in a poa Sekundn is des Problem vaschwundn.

A Gebrauchsaunweisung is bei koan Produkt mehr dabei!

Vielleicht findt ma wos im Intanet, des wa jo goa net so bled.

Oba wea va uns Oidn hot scho an Compjuta oda goa a Netz?

Mia Oidn denkan vü z´ vü noch und woins mit Vastaund lesn, owa des geht owe den Boch, de Version kaunnst vagessn.

Corona und des Griassn

Seit da Pandemie gibt's wos Neix:

Entweda steßt ma Fuaß gegn Fuaß

oda Öhbogn gegn Öhbogn ois Zeichn fia an Gruaß!

Koa Haund gem, a umoama soin mia uns nimma,

hoast`s, und des find i gaunz bled!

Dea, dea des gean ghobt hot,

is neiadings in da Not!

I mog des Drucka va liabe Leit so gean,

owa leida miassn mia auf unsare Politikplescha hean.

So loss ma des dawäu hoit, bis ma des wieda deafan.

D´Apothekn und de Nosnbohratests

Unsa Regierung hot uns zuagstaundn, dass mia uns den
Gratistest weng Corona va da Apothekn ohoin kinnan. Des is

a Söbsttest, den jeda dahoam im Wohnzimma mocha kau und desweng nirgends mea hifoan muaß.

Oiso bin i zu meina Staum- Apothekn gfoan, wo i mia a glei meine Medikamente, de ma mei Hausoazt vaschriem hot, ollewäu ohoi. Des is a neich. De Rezepte wean seit Corona nua mea direkt duat hi gschickt.

Seit Corona stengan Menschnschlaungan bis auf'n Gehsteig aussi. Austöhn und woatn is a neich. De Obstaundsregln miassn natirli a eighoitn wean. Bei uns im Woidviertl hoitn se de Leit großtäus drau. Wauns regnt oda schneibt, daun steht ma hoit „im Regn". Des san gaunz neiche Sittn. I kim ma wia a Bettlerin voa.

Soboid ma des gschofft hot, dass ma in den Vakaufsraum einikemma und sogoa bei da Budl aukemma is, wird ma mitunta bitta entteischt, waun ma den Gratistest haum wü. Des Vakaufspersonal mant daun lakonisch, dass´ den grod net gibt. Auf mei Frog, waun vamutli de nexte Liefarung kumma soi, gibt's nua a Oxlzucka.

Ma siacht ollas megliche in de Fachl va da Apothekn lieng und steh: Kindanohrung, Sunschutzcremen, Saftln, de Pün, a de blaue wos oft va de Mauna kaft wird, Soim, Tinktuan, Teeschochtln und a riesigs Sortimau va Schlaunkheitsmittln, owa koane Nosnbohratests!

Fuxtäufiswüd und unvarrichta Dinge flücht i und frog mi: Hot de Apothekn zweng bstöt oda haum se zfü Leit oan oghoit? Oda hortn`s de scho auf Loga fia de Zeit ob Novemba? Do gibt's de Tests aungebli nua mea gegn Göd. Wos spüt se hinta da Budl wirkli o?

Des Problem is fia mi net glest. Dahea moch i mi auf'd Roas und klappa de restlichn Apothekn im Bezirk o in da Hoffnung, dass i wo oan Söbsttest kriag. Des nimm i auf mi, obwoi i des vüle Autofoan vameidn wü wegn da Umwöt.

Des Dilemma ziagt se duach mehrare Ortschoftn, es is fia de Kotz! Des Personal is gschuit und vahoit se so wia a Popagei mit`n söbn Spruch, wia bei meina Apothekn.

I bin koa Impfgegnerin, im Gegntäu: I bin scho längst gimpft, oba wäu i auf de oitn Leit schaun wü, mecht i, bevoa i zan Pflegeheim foa, trotzdem auf Numma SICHA geh und an Test mocha. I wü duat nix eischleppn, wäu des warat wirkli fatal und des mecht i vahindan.

Leida is mei Solidarität üwahaupt net gfrogt. Des zöht öfe! I kriag afoch kane Nosnboratests daher.

Da schlofade Hund, da Zauhnorzt und i

Da doppete Dokta und i haum se scho seit einiga Zeit aunanaunda gwent. Eam mochts jo nix aus, dass i mit de Beissal a Problem hob. Waun da schlofade Hund munta wird, daun hob i außa Schmerzn a nu a Aungst, wos duat mit mia gschiacht. Dea Ausdruck van schlofadn Hund kimmt van Pappnschlossa söba. So sogn mia im Woid4tl za so an Dokta. Ea sogt, an schlofadn Hund soi ma net aufwecka, den soi ma net roazn. Na, des moch i jo eh net! I beiß duat auf dera Seitn scho laung nix mea, dass i den schlofadn Hund net unädig beleidig. Des nutzt owa relativ wenig!

De Elisabeth, sei Assistentin und fia de Mundhügene zuständig, hot a nix zan Aussetzn. De beherrscht ihr Haundwerk und i bin mit ia so zfriedn, dass i ma wintschat, dass` nu laung ihr Oawat va da Haund in mein Mund mocht.

Seit mea ois an Joa hob i a Problem mit oan Zaund. So bleibt ma nix aundas üwa, ois imma wieda zan Zauhnorzt zan voan, waun me de Schmerzn plogn. Er is net zwieda, oiso a lustiga Tüp und frogt jedsmoi waun i za eam kim, wos ma denn föt. I tät eam aum lieabstn sogn, dass i eigentli nua a Ruah haum wü, oba waun mi de Schmerzn übakemman, daun bleibt ma jo nix üwa, ois dass i za eam foa. I hoffat, dass ea mia endli den Hund van Hois, na bessa gsogt, van Mund schofft. A wenn´s grod goa net zan aushoitn is, reiss i mi trotzdem zaum und setz mi ins Auto, dass mi mei Zauhnorzt endli va den Dilemma daläst.

Zerscht wiad duat jeds Moi a Röntgn gmocht. Des schaut se da Dokta daun va olle Seitn aum Büdschirm au und siacht trotzdem koan Föhla. Daun klopfta sogoa aufn richtign Zaund, dea mi scho so laung sekkiert. Vur längara Zeit hot ea durt a scho a poa Wurzlbehaundlungan gmocht, owa des hot fia mi nix brocht. I hob des Gfüh, dass dea Zaund net za mia gheat und dass da Schmerz gelegentli so va mir nix zua dia nix auftaucht. Da besogte Zaund is meina Meinung noch hoibat lebendig, oba hoit a scho hoibat ogstoam. I kim ma scho bled vur, wei i imma wieda mit eam beschäftigt bin und ea a.

Oamoi hob i auf an Freitog so sakrisch Zauhnschmerzn kriagt, do bin i schnurstrax und ohne an Termin in die Ordi gfoan. Glick hob i ghobt, dass i nu wen dawischt hob, bevoa´s zuagspirrt haum. Mei Gfüh woa, dass dea Oazt koa Freid mit mia ghobt hot. I glaub, ea woa scho mit seine Gedaunkn im Wochnend drin. "Hiatzt kemmans dahea?" Jo, wos soi i denn mocha? Da Schmerz losst se nix eiredn, dass ea a aundas Moi kemma soit, wauns hoit fian Dokta bessa passat!

Es is bei uns im Woid4tl zan fiachtn, waunst zum Wochnend, za de Feiatog, za Ostan oda um Weihnochtn umadum Zäntweh kriagst. Do kaunnst de auf a Rätslralli eistön. Wer wird di waun und wo vielleicht drau nehma? Panik kimmt auf, waun i alloane aun so wos denk. Deswegn wü i grod a nix va de Feiatog hean.

Waun wiad in Dokta des gelinga, dass ea mia endlich hüft? Schee waas jo, waun se des Gaunze va alloane in Luft auflesn tät! Ob i des a nu dawoat?

Waun i nua wissat, wos i mocha soi, dass se fia mi endli wos ändat? I hätt´ eh scho a Idee: I los den schlofadn Hund afoch bei eam. Oba is ea a tiafreindli?

Unsa kleanare Famülie isst gean zu Mittog in da Troistiagn in Pfoffaschlog. Des hot Vorteile fia d` Wirtin, oba a fia mi, wei daun brauch i a net kocha. Des moch i jo sunst eh de gaunze Wocha.

Durch Corona woan mia scho länga net im Wiazhaus und es is zan fiachtn, dass de viate Wöhn boid üba uns schwappt. Deswegn woit mas nu vorhea ausnutzn und auswärts essn geh.

Mit an I-mäl hob i fian Suntog, zwöftn Septemba resaviert.

De Wirtin hot uns daun gaunz hintn an großn Tisch zuagwiesn. Wia ma so durch de fost menschnlare Goststum gaunga san, is ma scho aufgfoin, dass direkt auf olle Tisch a Ku-Er-Kod aufpickt woa. Mia haum unsare Plätz eignumma, des söbi is auf unsan Tisch zan segn gwesn und a poa Zettln nu dazua. Zerscht hot uns de Wirtin gfrogt, ob bei uns oans va de drei G eh zuatrifft und daun hot sie uns aufmerksaum gmocht, dass ma se registriern miassn. Hizoagt hots auf de Zettln und auf den Kod und hot gmoat, dass ma se de Zettlwirtschoft daspoan kinnan, waun mas übas Händi mocha woin.

Do hob i ma denkt: Des is guat, dass i des wohrscheinli scho kau. I hob des tatsächli erscht voa oana Wochn erfoan ghobt, wia des Skenna mitn Händi geht. Üba Gugl Lens hob i´s glei probiert und wirkli gschofft! Do bist richti glickli, waunst oissa oide des a nu kaunst! Des zoagt da jo koana. Do gabat´s an großn Nochhoibedorf bei soiche Sochan. De Zeit bleibt net steh und fost jedn Tog kummt da irgend a Ausdruck unta, denst vuaher no nie gheat host.

Gleant hob i des Skennan scho beim Bestimma va Pflaunzn und Bluman. Des is wirkli intressant! Ma leant jo niemois aus!

Da Bürga wird oba net gfrogt, ob a des a kau, sondan es wird va de Politika afoch vorausgsetzt. Es is scheinboa a bei de oidn Leit söbstvaständli, dass´ des kinna miassn!

Do frog i mi scho: Geht wirkli nu olle Mocht van Voik aus?

De Gschicht mit`n (Üwa)Gwicht

Es is scho so laung hea, do haums dahoam gsogt za mia: Iss wos, dass wos wiad aus dia! Waun i vü gessn hob, bin i globt woan, oba meine Briada haum mi deswegn aufs Koan gnumma. Heitzutog heat ma kaum nu, dass ma urnli essn soi. Ois Grund kennt ma aunehma, dass vüle und i a eh scho vü zu dick san. Scho seit 1996 moch i jährlich de Gxundnuntasuchung, wo mir da Dokta a imma wos vom BMI, dem Body Mass Index, dazöht. Den ermittelt ma mit ana fixn Forml. Zerst muaß ma se auf`d Wog stön und wiad vamessn. Daun nimmt da Boda, so sogn mia a zan Dokta, a Tabön und do draht ea a bissl umadum und sogt ma daun des Ergebnis. Mei BMI is üwa dreißg! I wunda me goa net. Dea is bei mia vü´z vü, des sogt mia scho mei Gfüh! Fia mi is`s kloa: Des Gwicht muaß owa kemma, sunst kau i´s Gwaund zan Aufwischn nemma. I wissat es eh, wos i net essn soi, owa mia schmeckt hoit fost ois so guat und des tuat ma bei de Kilo, de imma mea wean, net guat. I bin nimma in da Noam und mecht wieda kemma in Foam. De Airbags miassn weg, des is bei mein Körpa da Speck. Jetzt brauch i a Hüf, dass des Gwicht owa kimmt, oiso schickt mi da Dokta auf Kua.

Bad Waltersdorf hot vüle Bergaln und i lean a jede Gossn kenna, wie de Traina jogn de Kuagäst duach den Oat. Danoch schau i auf mei Motviationsua und siach, wiavü Schriat i gmocht hob. Zuasätzli geh i oft mit da Karoline, de a so gean mit de Nordic Wokn-Steckn autaucht, große Rundn. 19.000 Schriat woa des meiste, wos wir bei dera Kua gaunga san. Drei Wochn dauat de Tortua, daun hob i va de vün Kerndln und dem Salot scho gnua! De Kuaärztin staunt bei da Gwichtskontrolle net schlecht. Sie kauns net glaum und sogt: Steigns nu amoi owa va da Wog und daun wieda auffi. Kaum zan glaum, owa woa: Des Gwicht is tasächli weniga woan. So is recht, sogt sie, sie kennan ihna oan Wunsch erfülln. Hot owa net gxogt wie oft! I gfrei mi scho auf a Schnitzl und an Salot. So büx i mit zwoa Kurgäst aus und mia gengan zan Kwönhotö und i bstöh ma des und es schmeckt so sakrisch guat. Des soi owa nua a Ausnaum sei, a Belohnung fia mein bisherign Kuaerfoig. Oba es bleibt net dabei, wei mi de aundan Kuagäst vafian! Se zoagn ma den Steirahof und duat gibt's nochmittogs a Möhspeisbüffe und an Kaffee mit Schlog. Mhhhh! Es is hoit so schwa, za wos Guatn na zan sogn. I bin und bleib a leidnschoftliche Frau!

Herbst is`

De Blattln foin va de Bam runta

und auf da Erdn untn wird's bunta.

I hatsch so gean durch des Laub.

Da Wind treibt´s schnö fuat wia bei an Raub.

Boid is´ daun voabei mit da Forbnprocht,

und waun de Schneeflockaln owafoin, kimmt da Winta üba d´ Nocht.

A Klumpat?

Es gibt Sochan, de brauchat ma wirkli net! Owa i hobs und kau mi schwa trenna. Bei uns dahoam hots, wi i Kind woa, oft ghoassn: Schmeiß nix weg, des is koa Dreck! Ma kau des vielleicht nu amoi braucha. I wü hiatzt im Oita behauptn, dass se de Aussogn va meine Ötan in mei Gedächtnis eibrennt haum und deswegn tua i ma so schwa, dass i wos weggib, obwoi i des scho laung nimma in da Haund ghobt hob und dahea a nimma nutz.

Fia soichi Aungelegnheitn, de ma gelegentli auf den Pöz geh woin, gibt's sogoa eigene Kotsches. Des san Leit, de da höfa woin, dass d´ di befrein kaunst va deine unnötign Sochan.

S` Biachl „Weg damit" hob i a scho glesn und trotzdem kim i van Klumpat net los. Des mit dem-Schochtl-Sytem hot se bei mia a net bewährt! Do geht's noch de drei Aumpefoabn. De erschte Schochtl hot a greane Schrift, wos hoast: Da Inhoit bleibt do! De zweite Schochtl is orauntsch und des hoast: Vielleicht nutz i des nu amoi? De rote Schochtl wa de Wichtigste, des Zeig is zan Entsorgn!

In mei rote Schochtl foit net vü Kramuri oda Klumpat, wia mia im Woidviertl sogn, eini. Des is so schwierig, dass i do net weita kim damit! I vatrogs a net, waun mia jemand sogt, des is eh gaunz oafoch, nimm des Klumpat und hau´s daune. Des schoff i scho goa net, waun wea so dahea redt! Do kunnt i aus da Haut foan! I bin hoit a schwieriga Foi und mei Mau hots net leicht mit meine Mackn! Ea is des gaunze Gegntäu va mia!

Fria bin i auf Flohmärkte gfoan und hob vasuacht, des Klumpat aun den Mau oda aun de Frau zan bringa. Des woa a grossa Aufwaund mit weng Erfoig. Beim Aussortiern hob i mi glei amoi auf de rote Foab konzentriert und des daun in mei Auto eiglont, ob is net aubringa kunnt. I hob jo eh kam wos dafia valaungt. De Keifa haum se trotzdem in Grenzn ghoitn. Intressant woa owa fia mi mea, wia se de Leit am Flohmoak vahoitn. Vüle gengan durt nua hi, damit´s de Standla erklärn kennan, dass se a sofü Klumpat dahoam haum und söwa a scho an Staund aufülln kenntn. "Gengans, i brauch nix, i hob jo eh scho ois", und trotzdem heast as imma nu jamman, dass´ eana schlecht geht. De kennan hoit a nix ändan aun iarn Vahoitn, denan geht's a fost so wia mia.

I hob ma va mein lieabn Oabatskollegen, dem Christian, der fost ollas dahoam und im Büro hot, daun a Blattl Papier eifoliern lossn:

Geht's Ihna a so wia mia? I hob scho ois. I brauch goa nix! Bestimmt haums a so vü Klumpat dahoam wia i do! Wos suachans denn daun am Flohmoak? Stönns Ihna des nexte

Moi afoch a do hea, daun haum mia wenigstens a Hetz mitanaund.

Da Kwögeist

Mei Mau und i schaun fost jeden Omd fean. In an deitschn Senda gibt's zwoa untahoitsaume Sendungan. Noch dem *Tisch fia zwoa* spüns *Des perfekte Dinna*.

Hiatzt im Septemba wird uns sogoa nu a bessare Untahoitung botn. Neem de zwoa Programme schaun san mia mit ana weitaren Aufgob beschäftigt. Seit a poa Tog steat uns zeitweis a unsichtbora Plogegeist beim Feansehgn.

Soboid mia des Kastl aufdrahn, draht a Gössn ihre Rundn um den Fernseha und um uns, zwischnduach sticht's mi und vaschwint wieda. Sie gibt oafoch koa Ruah! Imma wieda tauchts beim Büdschiam auf oda suarrt bei uns Zwoa umadum. Vaschiedane Taktikn hauma augwendt, oba des is ins Laare gaunga. Umadum ghaut, in Ventilator eigschoit, uns zuadeckt. De meiste Zeit san mia mit dem Plogegeist beschäftigt. Mia woin dass er uns nimma steat und so schnö vaschwindt, wia er kema is.

Soboid i de Fliegnklatschn in d` Haund nimm, is de Gössn weg. Do hob i mi gfrogt, ob des winzige Vichal a a Hirn hot? Jednfois is´ gscheida ois mia! Sie schofft´s jedenfois, dass` uns scho seit Togn sekkiert. Daun vasteckt sa se irgendwo, wo´s mia Zwoa net segn und taucht wieda aus dem Nichts auf und wiedhoit des Gspü.

Intressant is a, dass nua auf mi gaunz narrisch is, mein Mau losst´s eh in Ruah! Sie geht uns auf de Nervn und mia haum koa richtigs Rezept, dass mas wieda los wean.

Ob de a Obkomman mitn ORF hot?

Da Hoiwaöfi-Hauns

A kloane Laundwirtschoft haums ghobt, dem Hauns seine oidn Ötan. A drei, a via Kia und zwoa Oxn, wäu de Ross waratn sowieso z´schnö gwesn fian Hauns. Er, knopp bei de fufzg Joa, hot mit seine Viecha aum Hof gwohnt. Da Hauns woa, so wia bei vüle Bauanfamülien, ledig, a wengal korpulent und net da Schnöllare. Seine Leit haum imma glaubt, er warat vielleicht a Spätberufana. Owa net, dass´ vielleicht glaubts, in punkto Klerus, na. Sondan wäu ea no imma ka Frau ghobt hot. Do hots leida de Kupplasendung „Baua suacht Frau" nu net gem, sunst warat ea vielleicht scho unta da Haum.

Dafia hot ea a wengl Musi mocha kinna und stott dass ea se um a Weibal umgschaut hätt, hot ea se am Sunntog Nochmittog zu de Staun, de zan Hof gheat haum, zuwighockt und Hoizpfeiffal gschnitzt.

S´meiste Joa üwa hot ea a kuaze Ledahosn trogn, a richtig ogschmierte, de direkt a bissl glänzt hot. Wauns augfaungt hot zan frisch wean, hot ea a launge Untahosn auzogn und driwa de Krochledane. Ea hot de gaunz bsundare Gob g´hobt, üwa Jede und Jedn und ois aundare Gstanzln zan singa – sogoa üwa eahm söwa.

Va eam hot ma amoi Foigendes gheat: „Mei Vota is a Musimocha und Parablü mocha kau ea a und waun eam s´ Musi mocha nimma gfreit, geht ea Parablü mocha zu de Leit."

Fost togtägli is ea aum Obend owi gaunga zan Doafwirt. So zirka fuchzan Minutn wird ea scho braucht haum, wäu eam des schnölle Geh´ goa net taugt hot. Ois Belohnung fian Weg hot a se amoi a Kriagl Bia, owa a dunklix, augschofft und daun nu oas. Nochn Gebetleitn uma Siwane is da Hea Geistliche Rot ins Gostzimma kemma und hot se zan Hauns zuwighockt, damit dea net so valossn do sitzn muass. Daun haum de Zwoa gemeinsaum trunga und plaudat. Üwa ois Megliche und Unmegliche haum se de zwoa untahoitn.

Es woa aum Dunnastog voa Pfingstn, do sans wieda amoi beinaund gsessn in da Wirtsstum. Da Herr Rot hot grod des dritte Ochtal in da Oawat ghobt und da Hauns des dritte Bia. Do stöht da Pforra uaplötzli dem Hauns a Frog: „Du Hauns, wos wa dia hiatzt liwa? A Frau oda a Kriegl Bia?" Unglaubli schnö kimmt do de Auntwoat van Hauns: „Herr Pforra, i sogs eana gaunz eahli: A Frau und zwoa Kriagl Bia."
Hiatzt muaß i eing nu sogn, warum de Gmoa-Leit zan Hauns oigemein „Hoiwaöfi-Hauns" gsogt haum, des is gaunz leicht eakleat: Da geistliche Rot is imma um fünf voa Zehne auf'd Nocht van Wirtn hoam gaunga, oba daun hot se da Hauns nu a Stehochtal augschofft und is erscht pünktli um hoiwa Öfi hoam ghatscht. Oftmois woa ea daun nimma gaunz so alorni.

Da Woid ruaft

Meine Spuan im Schnee, de find i wirkli schee.

Heit is da dritte Adventsuntog und i woa wieda wokn, wia aun an jedn aundan Sunntog.

I geh do mei eigane Rutn und brauchat mi net wirkli sputn. Oba grod heit was ma boid z'gnädig woan. I muaß dahoam nu kochn.

Da Woid hot so vü Scheens zan bietn. Dick augschneibte Bam san rund um mi.

Wos glaubts, wos moch i? I muaß direkt steh bleim und Büda mocha.
Unzöhlige hätt i mocha kinna, oba ob des mei Händispeicha nu dapockt?
Gestan hob ich gxeng, dass i scho rund dreitausend drauf hob, oba a poa moch i trotzdem!

Soi i de dickn weißn Bauschal, de aum Weg bei da Obzweigung heaschaun, a fotografian?

Oft kemman mia Frogn im Woid und oane dazöh i hiatzt.

Glaubst, wiads in zwoanzg Joa a nu an Schnee gem oda wean mia do nua mea in grea oda brau lem?

So wos kimmt ma do beim Geh in Sinn. Da Klimawaundl is bestimmt koa Gewinn.

Ois Kinda haum ma imma soiche vaschneibtn Winta ghobt. Olladings haum ma des domois aundas dalebt. Des woa noamal!

Heit is dea Aunblick fia mi a Gschenk und i befind mi im Zuastaund des vollkommenen Glücks!

Blirade Distln

Bei meina Suntogswoking-Tur geh i in mein geliebtn Woid. Do kim i a beim Jagaheisl vorbei, des steht scho a bissl aussahoib va unsara Siedlung. Seit längara Zeit stengan duat Hoizstoach, wo drauf steht, dass a Alessia geboan woan is.

Bei uns im Woid4tl is des a so a Brauch, dass de Freind und de Famülie noch ana Gebuat va an neichn Erdnbürga beim Famülienwohnsitz Stöach aufstön und des ghörig gfeiat wiad.

Noch de Ankündigungstofin kemman a poa oide, fost marode Bam und a wüd aufgaungans Opfibamal. I buck mi gelegentlich und nimm ma den oan oda aundan Miniopfi mit. De gib i, waun i an Opfistrudl moch, zua Füllung dazu, wei de san gschmockli ziemlich saua und i mog des goa so gean.

Ochtsaum geh i a Stickl am Födweg weida und siach ois megliche, wia zum Beispü blirade Distln, de aum Roa va ana Wiesn stengan. Eigentli is des jo a Unkraut, owa fia mi wos schens. De bliradn Distln san so schee und a scho sea sötn, se stengan kirzngrod in d´ Heh. Ois Kind hob i des öfta gxegn, owa do hob i´s nu goa net so beocht. Im Oita, kimt mia via, wiad i aufmeaksauma.

I leg meine Wokingsteckan aufs Roa, hoi mei Händi aus da Toschn und moch a poa Fotos. Des stöh i glei ois neichs

Profübüdl auf mein Hendi eine. Es is oas schena, wias aundare. A Schmettaling losst se va mia goa net stearn, dea setzt se auf oa Blia nieda. Is ea a so valiabt wia i in de Distl? Gaunz voasichti greif i a schillande Blia au und gspia, dass de Fädn va dea Blia so woach san, wia Kotznhoa.

De Natua gibt so wos scheens hea! Do hob i so a Freid. Jede Wocha bewunda i de Distln. Leida san de duat net ewig, irgendwaun amoi maht's da Baua olle o. Schod is des, sog i za mia. Owa nexts Joa weans duat wieda woxn, de Distln.

De druckte Freiheit geht laungsaum valoan

Nu gibt's a echts Göd, Münzn oda a Papierl, des ma augreifa kau. Oba es is scho so guat wia fix, dass va da EU de monetäre Freiheit eigschrenkt wern wird.

Ma wü uns Bürga de Borgödzohlungen komplett ogwena. Es hoaßt, des Borgöd is druckte Freiheit, oba de soi boid aufhean. Da Stoot und de Bankn mochan Werbung fias borgödlose Zoin. Corona hot eana scho in de Kortn gspüt, do hot ma de Leit des Kortnzoin scho schmockhoft gmocht. Vüle Kundn haum se domois scho dazua entschlossn, wäu eana oftmois vamittlt woan is, dass´ do koane Keime va aundare Leit kriagn. Bledsinn, sog i und i weiga mi so laung i kau. Imma nu zan glaum, dass des Borgöd net bedroht is, foit unta „betreutes Denken"!

Wöcha Zweck wiad vafoigt? Aus Liebe zan Kundn oda zan Wöhla passiert des sicha net! De Bankn seng zusätzliche Einnauhmekwön bei Spesn und Gebührn bei borgödlose Zohlungan. Dem Stoot eröffnen se damit neiche Möglichkeitn dea Kontrolle üwa de Bürga und dea Mochtausübung üwas Kortn- und Kontnsperrn.

I kau mit Sichaheit sogn, dass i net gaunz hintawötlarisch bin, i hob a a Koatn zan zoin. De vawend i oba nua im Notfoi, waun des echte Göd vaweigat wiad. Des kau da übrigens scho schnölla passiern, oist glaubst. Mia woan zum Beispüh in Soizbuag und haum oane va de vün Tiefgaraschn benutzn miassn. Abzocke pua und nua Automatn zum Zoin. Oba wia? Da erschte Automat hot nua Koatn gnumma, owa guat vasteckt is daun doch nu ana mit Boagödzolungan gstaundn.

Ma braucht maunxmoi a a Glick und do woas auf unsara Seitn!

I hob ma de Zeit gnumma und hob beim Voiksbegehrn fia a uneingschränkte Borgödzohlung gstimmt, oba leida hot se wieda amoi zoagt, dass Voiksbegehrn nix bringan. So wean uns oans ums aundare unsare guatn oitn Söbstbestimmungsrechte entzogn und vüle meakns goa net. Salamitaktik sogt ma dazua.

Ois oidvadrischa und ochtsaum denkenda Mensch wü i net van Stoot east hoamli und daun scho offiziell üwaprüft wean, wos i mit meina schwa vadientn Kohle moch. Des geht neam an feichtn Dreck au! I wü ka Marionettn va unsare Politika wean. I bin do ka Kaibal, des se freiwüllig zum Schlochthof treim losst.

So denkt a echte Woidviertlarin. De druckte Freiheit muaß bleim!

S´ Blauliacht

Auf an Suntog is im Orf ka intressants Fernsehn um viertl Neini. Fia mi is des owa fü zfria, ois dass i scho ins Bett geh tät.

Waun i oiso koa guads Biachl zua Haund hob, drah i hoit trotzdem des Fernsehkastl auf und schau, wos der Fletscreen sunst nu so hergibt. Meine Fingan zeppn do rund fünfavierzig Senda duach, in da Hoffnung, dass i do wos find, des mit mein Nivo und Intresse zaum passt. Es reisst mi nix van Hocka. A Zeitl schau i ma daun irgendoa Programm au und dabei schlof i oft ei. Es liegt se oba net goa so guat auf da Kautsch, do mödt se mein Kreiz. Des tuat ma bei unbekweme Positzionen schnö weh.

So is´ ma zletzt passiat, dass i munta wia, schau i auf mei Ua und siach, dass´ scho Richtung Mittanocht geht. I raff mi auf und drah den Fernsea o, moch Katzenwäsche und schau nu amoi ausse bei da Balkontia ins Freie. Plötzli siach i a so a weiße Liachtkwön aum Woidraund, i leb jo gaunz noh ban Woid. De Kwön draht se in Kroas und des wiedahoit se imma wieda. Sog i zu mia: Nau wos is do los? Tram i oda is des echt? So wos ähnlichs hob i tatsächli scho amoi bei meina Freindin in Wean in da Gentzgossn gxeng, des woa voa mea ois dreißg Joa. Domois haums des mit an Lesa gmocht und

Büdln in de Luft gschossn, erinna i mi. Jednfois, de Neigia plogt mi und i geh ausse auf de Terassn no mitn Nochthemad au, bleib steh und vaschoff ma an Üwablick va dea Fatamoagana. I geh sogoa a poa Schritt vieri, ois i beim Visavi-Nochboan auf seina Hausmaua blitzortig a Blauliacht siach. Gaunz genau siach i zu denan net umi, wäu nu a Hittn dazwischn steht. I woat, owa es riat si laungmächti nix. Koit wiad ma scho und i wü mi scho wieda umdrahn und eini geh, ois i wieda an weißn Bogn und a blaus Liacht aufflackan siach. Des kunnt entweda de Feiawehr oda de Rettung sei. I moch mi auf de Sockn und valoss den Schauplotz. Daun hea i a Tia, de zuaknoit wiad, vamutli va an Auto. Gwoat hätt i aufs Foigetonherndl, owa des is net eigschoit woan. Sche laungsaum siach i an Notortzwogn, dea se in Bewegung setzt, und hintabei foat de Rettung mitn Blauliacht.

Des Rätsl hot se fia mi glöst. Vamutli haums den Oli, so haßt unsa Nochboa, ins Spitoi gfiat. Froh woa i, dass es net de Feiawea woa, des hätt ma a Aungst gmocht.

Augrennt....

Wias da Teifi so haum wü, brauch i wieda auf an Freitog den Zauhnoazt.

Mia is genau dea „schlofade Hund", des is dea Zaunt, wöcha mia seit einiga Zeit Spompanadln gmocht hot, endli ausgfoin oda soi i sogn: Gott sei Daunk? Jednfois muaß i wieda zan Dokta! Es is nu a Ruine van ursprünglichn Zaunt do und des Stickl Waund is so schoaf, dass´ bei da Zunga direkt scheiat und weh tuat. Do muaß wos damit gmocht wean, owa wos?

Des schickt si heit guat! I muaß eh zua Vasicharung foan, wäu mei Mau duat de Kennzeichn va sein Dreiradla üwan Winta hintalegt ghobt hot und hiatzt kimmts Frühjoa und ea wü wieda foan. Dazua braucht ea de Tafaln.

I ruaf beim Pappnschlossa net erscht wegn an Termin au, sondan wü glei persönli voasprecha und boidigst drau kuma. Mei Auto kennt scho den Weg und bringt mi noch Schrems. In unmittlbora Nähe van Oazt park i mi ei und wü bei dem bekaunntn Eigaung de Tia aufdrucka. Imma bin i a duat eini gaunga, oba heite gehts net.

Im Hof, wo bislaung da Eigaung woa, stenga a poa junge Leit und seng, dass i do eini wü, owa net kau. De lochan a bissl, wia i do autunna, gem mia owa daun an Tipp, da Eigaung is hiatzt auf da voadan Seitn bei da Polizei.

I moch mi auf´d Sockn und dawäu i do so vire geh, denk i ma, nau des wa net schlecht gwesn, wauns auf de Tia an Zettl aubrocht hättn, dass da Eigaung hiazt voan auf da Hauptplotzseitn is. I druck de schware Hoiztia auf und geh do eini, wo ma eigentli za da Polizei geht. Daunn kimmt a

Glostia und de sollat aufgeh, soboid ma zuwi geht. Owa es tuat si nix. I renn mitn Schädl au, geh an Schriatt zruck, nimm ma quasi a bissl an Aulauf, bleib oba desmoi abrupt voa dera Glostia steh. Tuat se nix. Vaschiedane Techniken wend i au: Oamoi schnö, oamoi laungsaum, i wachl mit meine Händ, owa de Tia riaht se goa net.

I valoss den Vurraum, geh wieda aussi und denk ma, des schoffst heit net, dass du do einikimmst und dem Dokta de Gschicht van vaobschiedetn Hund dazöhn kaunnst.

Wos moch i hiatzt? I geh nua a Stickl, do siach i de fleißige Putzfrau, de im Erdgeschoß bei da Gemeinde grod a Fensta putzt. Bleib i glei steh und schüda ihr mei Problem. "Ich glaub, de Ordi is heit scho gschlossn", sogt sie, " voa a poa Minutn is da Dokta mit an Korb vorbei gaunga und dahinta seine Assistentinnen".

Oisa, fia heit gibts koa Wiedasengn! Hoffantli spüt dea Hund net varruckt zan Wochnend!

Schee is´ im Woid

Ob woam oda koit!

Oft bin i gaunz alloa.

Und es steat an koana.

Ma geht so befreit

in da grean Heitakeit.

Druckt di amoi a Schuah,

do findst sicha dei heulige Ruah!

Van Umgaung mitanaund

Jeda Mensch is einzigoatig, oiso a Unikat mit eigenem Foamat und deswegn san mia untaschiedli.

Mia olle und insbesondare i erwoat ma va de Mitmenschn Einiges, des nix kost: An gewissn Reschpekt. Gfrein tät i mi a üwa jede Wertschätzung und a Vaständnis.

A Entgegnkemma, a würdevoller Umgaung mitanaund soit eigentli söbstvaständli sei.

Is des übaroi so? Leida stö i des net fest, dass mein Wunschkonzert so gspüt wiad!

Mei Freindin Christine, de a so denkt, sogt mia gaunz oft, dass des mit unsara Genarazion ausstiabt. Soiche Weate wean nimma vorglebt. I probier owa imma nu, de Kinda und Leit mit meina Oat auzansteckn.

Ebn mit an kloan Lächeln, Freindlickheit, Reschpekt, Vaständnis, Tolaranz und Weatschätzung.

Net nua: I wü haum! Sondan a a bissl gem. Des wa a scheens Lem!

An Doktatermin

I ruaf beim Dokta au, owa es geht neamd drau!

Do woat i a Randl und schenk ma ei ins Häfal an Tee ausn Kandl.

Plötzli schoit se da Aunruafbeantworta van Dokta ei und sogt, dass olle Leitungan besetzt san.

Ruafans späda wieda au! Wos bleibt üwa, i bleib nimma drau.

Des Aurufa probier i a poa moi, Zöh goa nimma mit und vagiss auf de Zoi.

Unglaubli, owa woa, irgendwaun mödt se wirkli wea. I daschreck direkt und stotta, dass i an Termin brauch. Gfrogt wia i zerscht: Se woan scho amoi bei uns?

Nau kloa, sog i, i bins, de Frau Mauthner ohne Makhof, owa zwischn dem Te und dem Em kimmt a Ha.

De Sprechstundnhüfe schnauft kuaz und sogt: I schau noch.

Momental, des hauma glei, se san boid bei de aundan Pazienten dabei.

So, i hob scho oan fia ihna gfundn und zwoa in drei Monat.

I bin baff! Mia bleibt wieda fost de Stimm weg, frog owa zua Sichaheit, ob i mi vaheat hob.

Na Frau Mauthna, Sie hean nu guat!

I üwaleg kuaz, wos soi i in dea Situation hiatzt mocha, soi i glei rean oda vielleicht locha?

Es bleibt ma nix aundas üwa, den muaß i nehma. Des is bei uns im Woid4l mit de wenign Doktan zwegn an Termin a richtigs Dilemma!

Unsa Woid und da Nagalsterz

Jedn Suntog geh i mit de Steckan in Woid. Es gibt a Leit, de sogn, dass´ wokn gengan. Jednfois sois da Gxundheit guat toa. Neiadings hoasts a, dass boid des Woidbodn auf Rezept gem soi. I kunnt des nua empfön. Außerdem sois demnäxt an neichn Job gem und zwoa den Woidtherapeutn. Ob dea daun den Woid therapiert oda de Leit? I bin a übazeigt, dass da Woid de gresste und gxindaste Apothekn is.

Mia liegt de Natua aum Herzn. Des Geh setzt bei mia sinnliche Erlebnisse in Gaung. Es is so schee, waun i den herrlichn Duft vom Woid riach, des Rauschn va de Bamwipfen, des Knorrn der Bam, des Zwitschan va de Vegln und des Klopfa van Specht hea. I gspia wia si de Sunn, de Schneeflankaln, de Regntropfan oda da Newe zwischen de Bam an Weg bahnen und mi berührn.

Nem de vün Bachaln und Teichtln san Moore und vü Stoana zan segn. Is jo eh kloa, i bin im Woidviertl dahoam.

Da Stoa schaut jedsmoi aundas aus, a, waun i den söm fotografier. I genieß des voi und gaunz, des Gfüh va Freiheit und Scheenheit! Jede Joareszeit hot wos Bsundars bei uns im Woidviertl. Es is a scheens Fleckal. Es is einzigortig!

Leida hot uns do herom de Klimakrise a dawischt. Da Borknkäfer hot se aun de Bam vagriffa und vawaundelt de einst grean Nodln in dirres Braun. Eigentli san seine Spuan Kunstwerke auf da Fiachtn. Da Buchdrucka fräst kunstvolle Hoizschnitzerein in de Rindn vo da Fiachtn, um durt seine Eia obzlegn. Er zaschteat so de Lemsoda der Bam. Des Schodhoiz muass daun so schnö wie megli aufgoabat wean, des san schwierige Aufgobn fia de Forstwirtschoft. Aum schnöstn geht's mitn Harwesta. Waun i des murdsdrum große

Gerät siach, geht's ma goa net guat dabei. Mia kimmt voa, des is wia a Vagewoitigung van Woid. De Geräte hintalossn Spurn da Vawüstung, schreckli sog i! Mit Orbatsressa gangats a, owa des tat vü z´laung dauan. Heit muass ois schnö geh und wöcha Bauer hot scho nu soiche Ressa? Waun de zan Eisotz kemma tatn, daun waratn außerdem glei de 4Pfotn do und sofurt dagegn. De haum nua oa Wort im Sprochgebrauch: Tiawoi! Oba waun nix weida geht, wea übanimmt do de Vaauntwortung fia de Natua?

I bin so glickli, dass i net va Menschnmassn umzinglt bin, da Woid gheat fost mia alloa. Nua ob und zua taucht da Jaga mit sein Auto auf meina Streckn auf. Ea bringt dem Wüd a bissl wos zan Fressn. Mia zwoa san höfli zuanaund und griassn se.

Wos mi owa goa so gfreit, san de Schwammal. I geh goa net suacha, sondan de zoagn se va söwa. I nimm nua de, wo i sicha bin, dass i´s net nua essn kau, sondan dass i´s sogoa übaleb. Dazu ghean de Stoapüz, de Rotkappal, de Birknpüz und de Nagal. Za de Eierschwammal beziehungsweise Pfiffalinge sogn mia Nagal. De woan grod voa a poa Tog in de Medien recht vaschrian. Do haums behaupt´, dass de a bei uns im Woidviertl nu total vastroit san. Des riaht va da Zeit, wo des Malör mit Tschernobyl passiert is, hea. Des woa vor fünfadreißg Joa. Leida wird wieda Panik vabroat, indem ma de Leit eiredt, dass des vorhaundane Cäsium Gxungheitsschädn aurichtn soi. I hob ma de Kortn van

Umwötaumt augschaut und nix diesbezügli bei uns gfundn. De Dosis mocht jo bekaunntli des Gift. Deshoib nimm i nua sovü Nagal, dass i grod gnua hob fia oa Porzion und moch draus an Nagalsterz, a Köstlichkeit. Aus de greinigtn und putztn Nagal moch i a Grestl mit Zwiefe, Oa, Soiz und Pfeffa und rest des midanaund au. Drieba an Schnittlauch aus mein Gortn oda an Pedasü. Soboid i mea ois oa Haundfoi Stoapüz oda Rotkappal find, schneid i de auf und tuas trickan. I los mi net deppat mocha va de Feka!

Bei da Schwesta in Wean

Noch launga Zeit foa i wieda amoi noch Wean za meina Schwesta zu Besuch. Sie is um öf Joa öta ois i.

I hob des Glick ghobt, dass i des Schnuppaticket zum Ausprobiern kriagt hob va da Gemeinde. De vaboagt des Klimaticket an ihre Bürga fia zwoa Tog im Monat. Und des Beste is, des kost goa nix! Es muaß nua auf da Hompätsch rechtzeitig onlein bucht wean.

Mit dera Foakortn setz i mi in den Bus in Honigstoa, so sogn mia zu Heidenreichstein, und foa bis in die Hauptstodt. Koa Vaontwortung fia mi! I schau ma de Laundschoft au und beobocht den Buslenka. Ea foat sicha und i fiacht mi wirkli net. Des sog i eam a, wia i aum Züh, dem Protastean, aussteig, und ea gfreit se driwa.

Am Protastean orientier i mi amoi und suach ma daun de richtige U-Bauhn. Aum Westbauhnhof steig i nu in a Strossnbauhn ei und foa zan Schweglamoakt. Des restliche Stickl geh i z`Fuaß zu meina Schwesta, insgesaumt a Wödreise.

Obwois scho Neini is, is sie nu net gaunz munta, ois i bei ihr aukumm. Sie is a Nochtäun und i bin a Leachal. Zwo untaschiedlche Leit!

Sie dazöht ma, dass´ a Malör ghobt hot. De Trocknhaum aus de siebzga Joa hot den Geist aufgem, owa so oane brauchats unbedingt wieda. Sie moat, dass ma de vielleicht heit gemeinsaum kaffa kunntn. Noch ihra Voastöllung soit ma in a Elektrogschäft schaun, oba I behaupt, dass sowos duat net mehr zan kriang is. De Zeitn san scho laung vorbei. Owa oa Schauns gabats vielleicht. Mia zwoa miassn zua Carla im fünftn Bezirk. Wauns sowos überhaupt no wo gibt, daun vielleicht duat in dem Sekendhendgschäft vo da Caritas.

Zuerst tan mia owa amoi frühstückn, des wü sie so. I hätt nix braucht, wäu i scho dahoam um Fünfi in da Friah wos gessn hob. Späda suacht sie zerscht ihr Brühn und daun ihr Gödbörsl und des is nix neix. Voa kurzn haums ihr des gstoin und sie hots net glei bemerkt. Leida is se so guatgläubig und gleichzeitig nochlässig, sie mocht de Zippvaschlüsse va da Eikaufstoschn net zua!

Sie woas net, wo des Börsl is. Drinnen is a de Joareskoatn va de Wiener Linien und ma deaf net schwoaz foan. Ma muaß wissen, sie woa voa da Pensionierung bei de Wiener Linien beschäftigt.

Vüle Einkaufstoschn hot sie scho duachsuacht und vaschiedene Loden und Plätz, wo´s liegn kunnt, owa des Börsl taucht net auf. De Zeit vageht und i dräng, dass ma se auf den Weg mocha miassn, i mecht rechtzeitig zur Obfohrtszeit ins Woidviertl wieda am Protastean sei.

De genaue Adress vo dem Gschäft hob i net im Kopf, owa i hob a gaunz guates Erinnerungsvamögn, wia ma duat hifindt- hob i glaubt!

Mitm Bus 12A foan mia fü zu weit und so entscheid i, dass mia des Stickl z´Fuaß zruck gengan. Mia gengan und gengan, kemman owa imma weita in den zwöftn Bezirk eini. Ob se des nu ausgeh kau, dass i nochmittog rechtzeitig bei mein

Bus bin? Mei Motivationsua zagt scho fuchzantausend Schriatt au und mia wissn nu imma net, wia mia zua Carla kumman. Mia kummt sogoa vua, olle Gossnnaum hob i scho amoi glesn. Plötzli hob i a Eingebung, i hob jo aum Handy Google Maps. Route eigem und daun hatschn und hatschn mia und kemman endli duat au. Mei Schwesta Hermi is scho so erschöpft, dass i hoff, dass ma koa Rettung brauchan.

I weis sie daun zur Erholung auf an Ledasessl ei und sog ihr, se soi do sitzn bleim, während I amoi de Elektroobteilung wegn dera wichtign Trocknhaum osuach. Es is net zan glaum, owa de haum tatsächli so a oits, waun net sogoa des gleiche, Stickl zan vakaffa! I staun net schlecht und ois i wieda zruck geh, is mei Schwesta net am Plotz! I schau in da Gegend umadum und siachs endli. Sie hot scho so laung aufs Klo miassn. "Es is a Wunda gscheng", sog i, "du krieagst dei Trocknhaum!"

Wieda daham in ihra Wohnung daun de Erlösung fia mi, jetzt hob i scho so dringend miassn. Im Klo siach i a Einkauftoschn und schau glei neigierig eini, ob net a Börsl drin is und tatsächlich, des nexte Wunda!

Wieso steht im Klo a Einkaufstoschn? "Es woa sunst ka aundara Plotz in da Wohnung!", sogt mei Schwester do wia aus ana Pistoin gschossn. So a schlogfertige Auntwort krieagt ma drauf! Und sie hätt se scho amoi aum Weg zua Carla denkt, ob des Börsl net duat drin sei kennt. Wean is zwoa groß, oba ihr Wohnung recht kla, so is des in da Stodt!

Noch dem aufregenden Tog dawisch i den Bus a nu rechtzeitig! I sitz und hob koane Sorgn und meine Fiaß kennan se a ausrostn. Dea Tog wird mia in Erinnerung bleim. So vüle Schritte hob i no nie gmocht. Insgesomt hot mei Uhr 19500 auzoagt. Noch Wean muaß i jetzt wieda länger nimma, aum schenstn is`fia mi hoit imma nu im Woid4tel!

Da Hackl-Wirt hot zuagmocht!

Dea Gmünda Wirt is nimma mea,

fia maunche Leit is des a Malea!

Bei eam hot ma a Hausmaunskost kriagt.

Schod is, sogn de Leit, um den bekauntn Wirt!

Des Wirtshaus woa seit Genarazionen do fia de Hackla,

grod so richti guat des Essn und woa a gnua-

leida is denan ihr Staummkneipn fia imma zua!

Ana nochn aundan mocht de Schottn dicht,

deswegn vamissn de gwendlichn Leit a oafochs und günstigs Gericht.

Wos is da Grund? I zöhs auf in dera Stund.

Es wü neam mea in de Gastronomie,

do gibt's z`vü Oabeit und zweng Marie.

S` Personal haut den Huat drauf und gibt auf.

A Könarin hot ma zum Beispüh dazöt, dass` wegn de Spritpreise nimma in d` Oawat foan kau.

Ihr neicha Gödgeber und Sponsor wird woi boid des Oawatsaumt sei.

So wia fia vüle Oabatsscheiche und Oabatssuchende.

Liawa bleibts gaunz dahoam, vakaft des Auto und kaft se stottn Benzin fia dahoam a Hoazöh.

De restlichn Wirtn jammern, dass des Speiseöh unglaubli teia woan is.

De Stromkostn san a nimma zan dablosn,

do muaß ma des Gschäft mit de Gäst hoit lossn.

Mia olle miassn den Putin sein Kriag zoin

und a, obwoi ma des wirkli net woin.

Mei neicha Frisea

In letzta Zeit woxn meine Hoa doppet so schnö wia vorher, kimmt ma fia, oba der graue Coronastrafn is a net zan übasegn.

Und mei Mau sogt: "Des schaut net guat aus, des is a Graus."

Söwa iss´ mia a net ois oans, so setz i ma hoit a Haum oda an Huat auf, waun i geh ausn Haus.

Des Problem is, dass mei friare Frisearin s´ Gschäft zuagsperrt, oafoch aufgheat hot. Wia i des gheat hob, hob i glei amoi great. De woa so zuvalässig und i hob noch ihra Behaundlung imma guat ausgschaut. Umgschaut hob i mi und a neiche Frisearin gxuacht, owa koa geeignete gfundn.

So geht's nimma weida, sogt mei Mau. Du trogst a schens Gwaund, owa mit de Hoa is´ zan schauma.

Jo wos soi i denn mocha?

Do kimmt ma de Idee: "Du schneidst mas und färbst mas, daun bin i wieda schee."

Mei Mau is jo eh a richtiga Haundwerka, oiso soit des fia eahm koa Problem sei. Des Forbmittl kaf i bei da Bipa und bring eam de Gebrauchsaunweisung zan Lesn. Zerscht mischt a de Mittln, de in da Pockung woan, zaum.

Im Flaschl schaut des net dunklbraun aus, sondan laxfärbig und mia frogn se, wia denn des auf mein Kopf ausschaun wiad? Noch da Aunleitung trogt er des Zeig auf meine vün Hoa auf und plötzli schaut de Forb gaunz hö aus.

Mia haum koa guats Gfüh.

Daun woat ma a hoibe Stund. Mit woaman Wossa muaß i des daun ausspün, mitn Kondischana eireim und noch zwa Minutn wieda auswoschn. Hiatzt tricka i de Hoa o und schau mi in Spiagl au. Gott sei Daunk, de san net gagalgöb, sondan eh dunklbraun, so wias auf da Pockung gstaundn is.

Beide samma zfriedn und i sogoa glickli. So a Mau daspoat da einiges, i bin so froh, dass i eam hob. Ea is jetzt mei neicha Frisea.

Hiatzt braucht ea nua mehr schneidn!

Nua de kloane Zeitung

I foa scho seit mea ois fünfazwanzg Joa noch Hartberg auf Urlaub und des is sonnenkloa.

Heia is mei Kurfreindin, de Christine, eigsprunga fia mei Schwesta, wäu de hot a kloas Malör ghobt mit ihre Zänt. "Ohne meine Foischn foa i durt net hi", hots gsogt. Des vasteht ma, immahin is des Hotö ois Schenheitsfarm bekaunt. Und ohne vordare Zänt bist oam und es is a ka schens Büd.

De Christine, mit der i oamoi in da Wochn telefonier, hot des gheat und hot den Brodn fia si söba grocha. Glei hot sa se ois Ersotz zan Mitfoan augmödt. Ois Treffpunkt hauma Stockarau und durt den Kikaparkplotz ausgwöht. Sie kummt van Tuina Bezirk. De Woidviertl-Autobaun losst nu imma auf sich woatn und va durt geht de erschte gscheide Stroßn, de uns Richtung Südn bringt, weg. Des hot da Christine richtig in de Kortn gspüt. Sie is wia i, oane, de leidnschoftli aufn Flohmork geht. Waun ma mit dem Virus infiziert is, woas ma, wo waun wos los is, und jedn Suntog spüt sa se auf dem Parkplotz gaunz gewoitig o!

Ois i durt zuwi gfoan bin, hob i sie glei gsegn. Sie hot scho a poa Trimma in de Händ ghobt und hot übas gaunze Gsicht gstroit.Wias mi entdeckt hot, hots grod Schuach probiert. Mia zwoa san, wos des Kafa beim Flohmork betrifft, gleich gstrickt. Beide hoitn mia wos auf Nochhoitigkeit. Es muass nix neix sei, sogn mia. Wichtig is, dass de Sochan a zweite Schaunz kriagn. Aussadem san glei zwo Leit glickli und haum a Freid. De Person, de des Klumpat los wean wü, und mia.

Irgendwaun hauma de Urlaubsfoat, de uns bestimmt imma in Erinnerung bleim wird, daun autretn.

Unsa Reise in de Steiermoak woa durch ein stoaks Weda, des üban Wexl aufkemma is, a hagliche Gschicht. I woit guat in Hartberg aukumma, deshoib bin i wirkli den Umständn entsprechend laungsaum gfoan, um a Akwa-Planing zu vahindan. De aundan Fohra woa des vüle Wossa auf da Autobaun wuascht, de haum uns rechts ling lossn. Da

Schutzengl muass owagschaut haum, mia san guat beim Wilfinger in Hartberg aukemma. Daungschee sog i nu amoi zan Schutzengl.

Soboids zan erschtn Frühstück geht, wird's fia uns intressant. Net unbedingt wengan Essn, sondan ma nimmt se wieda Zeit zan Zeitung lesn und zan Büdl auschaun. Es gibt vaschiedane Togeszeitungen zur Auswoi, oba fia uns zwo is nua oane intressant und des is de Kloane Zeitung. De is net nua kloa, sie hoast a aso. Um de steirische Ausgob is a richtigs Gries. Net nua mia woin de haum, sondan vüle aundare Gäst a. Deswegn is des ollewäu a so schwierig an de heraunzankumma. Wauns Glick mitspüt, dawischts glei oane vo uns. Waun de aundan schnölla san, muasst so laung wortn, bis´ endli wer zruck legt und des ziagt se oft. Soboids mia in da Haund haum, teun mia se de. Jede soi wos davo haum, is unsare Devise. I nimm ma meistens den hintan Teu. Do find´t ma de Aunzeign, wer wöche Kinda kriagt hot und wia de hoassn.

Des wos uns oba am meistn interessiert, is olladings makaba. De Trauaaunzeign nämle, de san so aussagewöhnli schee gschriem! Do gspiat ma direkt nu de Liebe za de vastorbanen Leit. Ma kunnt glott rean, obwoi ma mit de Leit nu nie wos z´tuan ghobt hot. Jeda Nochruf hot wos gaunz Spezielles. I hob ma a scho wos ogschriebn fia mi.

Des Gfrett mit meine Zähnt

I bin scho seit einiga Zeit za mein Zauhnoazt grennt wengan Gfrett mit meine Zähnt. Desmoi muaß zum Beispüh untn links a Stockzaunt drau glaum.

Nochand disskutiarn mia zwoa, da Zauhnoazt und i, wos jetzt passiern soi. I wü des net so lossn, de Ruine muaß weg und de Lucka muaß mit an Implantat gschlossn wean.

Leida kau ea mia des net mocha, wäu ea des Spezialgebiet net beherrscht. Liebnswürdigaweise nennt ea mia an Kieferchiruagn aus unsara Laundeshauptstodt Sankt Pötn, dea soi se de Kratalaundschoft amoi auschaun. Noch seina Erfohrung kaun dea oba am friastn eascht in drei Monat implantian, oiso loss i mia a Randl Zeit, dass i auruaf. Des woa vielleicht a Föhla meinaseits.

Unglaubli, owa woa: es passiat bei meine Zähnt a neix Malör! I kriag rechts om beim letztn Stockzaunt so Schmerzen, i muaß scho wieda za mein Zauhnoazt. Er reisst ma den a und muaß de Bruckn, de duat aughängt is, a owa schneidn. Des hoast, mia föhn rechts om olle Zänt bis zum zweitn Schneidzauhnt und i kau nix mea richtig zermoin. Reiss i mi hoit aum Riemen und schreib a Mäl aun den neichn zukünftign Spezialistn und ersuach um an Termin. Es tuat se owa nix! I kriag koa Auntwoat. Vielleicht is dea grod hiatzt, wo i eam brauch, auf Urlaub? Noch an Zeitl greif i zan Händi und ruaf duat au.

Seit Corona hot se bei de Ärzte wos Bleds fia an schmerzgeprüftn Menschn eibürgat. Obwoi Corona nimma mea im Vordagrund steht, schleicht se des net aus. Des Personal hebt net o! Noch oana Zeit fliagst aus da Leitung. So muaß i x-moi de Numma wöhn, bis i endli jemand aun de Strippe kriag. Daun täu i dera Dame mit, dass i scho schriftli bei eana um an Termin gebetn hob und dass i van oban Woidviertl bin. Do auntwoatet mia de Dame, dass se auf a Mäl goa net auntworn. Nau supa, owa wia soi i des wissen?

Erste Frog: Woan se scho amoi bei uns? Na, sog i etwos augfressn, wäu ma de Vorgaungsweise im Mogn liegt. Oafoch nix auntwortn auf mei Mäl! Wos is des fia a Oat? Bei uns im Woidviertl sogn mia: Des is koa Ghehrtse! Im Mäl wa ois des genau drin gstaundn.

Daun gibt's ma an Termin im Septemba. I atme amoi tiaf duach und daun sog i daunkschee. Des mit de Doktan is a so a Gschicht. Da Patient zöht öfi- so sogt ma bei uns-, waunst net eanst gnumma wiast und du denan wuascht bist.

Mei Mau fiat mi aum besogtn Tog noch Sankt Pötn. Aufsteh haum mia mittn in da Nocht miassn, dass i rechtzeitig duat bin, wäu a Riesenbaustöh auf unsara Streckn liegt und ma mit Umleitungen rechna muaß. In dera Stodt gibt's so vüle

Baustöhn und gsperrte Strossn, dass unsa Navi goa net mitkimmt. Durt, wo uns de ortskundige Damenstimme hileitn wü, kinnan mia goa net obiagn. De Klimakleba haum se a scho in Sankt Pötn niedalossn und behindan ebenfois den Vakea!

Dea Dokta hot sei Oadi natirli in da Innenstodt, eh kloa. Zerscht muaß i de Ikart stecka. Danoch muaß i auf an Täblet vaschiedane Frogn beauntwortn und aunschließend wean va meina Pappalatur Röntgnbüdln gmocht. Ois nextas kriag i an Plotz in an Behaundlungsraum zuagwiesn. I biag vorhea o und geh aufs stülle Örtchen, wäu i mia duat de Zähnt putzn wü. Dea Zauhnoazt kimmt noch einiga Zeit in mein Behaundlungsraum, begrüßt mi sogoa freindli und betrocht zueascht des Röntgnbüd und mein Mundraum mit de Lecha. Sei Fazit lautet, dass ea se drüba traun wiad. Insgesaumt brauch i via Implantate und zwoa Zwischnglieda. Ea druckt ma den Heilkostnplan mit dem gschmoizanen Zohlungsbetrog in de Händ. Da richtige Termin fürs easchte Implantat is scho in viazahn Tog.

Zwoa Wochn späda sitz i scho aum Behondlungsstui. Boid kimmt ea za mia eini und täut ma mit, dass ea heit glei olle vier Implantate mochn wiad, dawäu ea mi einspritzt. Kuaz bin i gschockt, direkt wia gelähmt und druck mi nu mea in den Sessl eini. Mit dem hob i net grechnt. I bin stü! Soboid du owa des Obsaugschläuchl drin host, kaunnst e nix mea redn. Ea boahrt, präpariert de Kiefaknochn, schrauft de Implantate eini und ziagts mit da Ratschn fest, so wia a richtiga Haundweaka. Nocha nimmt ea nu a Nodl mit Zwian und naht offane Stön zua. Immahin lebt ea jo a va da Haund im Mund.

Irgendwaunn is ea fiati mit seina Oawat und i a! I kaun den Kiefa nimma zuamocha, wie waun i a Kiefasperre hätt. Schmeazmittl nimm i glei reichli za mia.

Mia sengn uns in viazahn Tog, do ziag i de Fädn und schau ma den Heilungserfoig au, sogt ea, daunn druckt ma de Assistentin scho de easchte Honoranotn in de Händ.

Natierli üwaweis i boid. Immahin hängt de Bezohlung davon o, ob ea weita mocht. Nochn Fädn ziagn zwa Wochn späda kaun i endli wieda beissn, va da Breikost zruck zua Normalkost. Des is a Erfoigserlebnis!

De Schuachschochtl

Wos is denn aun aner Schuachschochtl scho drau?

Außn aum Schochtldeckl siacht ma an Profüobdruck var an Schuach. Do drin woarn de letztn Orbatsschuach va meiner leider vastorbanen Schwiegamuatta. Sie hot nämli beim Kinskyschn Forschtaumt ois „Fochkroft" im Woid Bami gsetzt, de Christbam fia Weihnochtn gschnittn und nu aundare wichtige Orbatn varricht. Damits generell an guatn Staund bei dera schwarn Orbat im Woid und im Winta ghobt hot, hots an festn Schuach mit Profü braucht. Aus dera Zeit staumt de Schuachschochtl. Auf oana Seitn is sogoa nu des Preisetikett mit zwahundertneinasiebzg Schülling zan finden.

De Schochtl is domois fia mi ois Nochloss üwa blim und so oft i de siach, muaß i auf mei Schwiegamutta denkn.

In dera Schochtl san über vüle Joa de blechan Keksausstecha glegn. De hots in da Adventzeit vira ghoit und hot's Bocha fia Weihnochtn augfaungt. Des woa im Gegnsotz zan vaschneibtn, schwarn Christbam ausn Woid hoin zwoa a leichte körperliche, oba a laungwierigare Orbat. Sie hot ollewäu vüle Sortn va de Keks gmocht. Zerscht hots de Zuatotn aufn Kuchltisch gstöht, daun hots den Toag beoawat und ausgwoicha. Danoch san de Ausstechformen zan Eisotz kemma. Des Bockblech hots zerscht mit dem ausgstochan Toag belegt und daun in den Hoizofa gschom. Do hots aufpassn miassn, dass ihr de Plätzchen net z´dunkl wean. Sie hot den Moment durch ihr Ochtsaumkeit immer rechtzeitig dawischt und daun schnö des Blech van Bockroah aussa tau. Nochant hots de Keks mit Mamalad zaumpickt oda mit da vorbereiteten Glasur vaziart oda in Schokolad eitunkt. Uns haums glei ois sa woarme vadaummt guat gschmeckt.

De auskühtn Keks hots, waun nu oa üwa blim san, fia Weihnochtn in a Blechdosn glegt. Wauns mit da Keksbocharei fiati woa, hot´s de Ausstecher wieda in de Schuachschochtl glegt und fias nexte Joa aufghom. Des woa va Joa za Joa a so.

Mei Schwiegamutta woa a aussergwöhnliche, bescheidene Frau, de imma auf olle aundan gschaut hot. Ois fürsorgliche Muatta va vier Kinda, de sie alloane aufzogn hot, hot´s gschaut, dass aus eana wos wird.

Danke lieabe Muatta! Du host mein Mau, dem Gerdschi, olle deine guatn Eignschoftn vaerbt und des san so vü! Dein Fuaßobdruck host im woastn Sinne mit dera Schochtl hintalossn und deswegn hot se fia mi a bsundare Bedeitung, obwoi i söba goa koane Keks mehr boch!

Mit dera Schuachschochtl hob i des Gfüh, mei Schwiegamutta is no imma do. Ihr Fuaßobdruck bleibt fia mi ewig und i kau de Schochtl afoch net weggem. De bleibt, so laung i leb!

Wos is los bei uns in Österreich?

Noch da letztn Corona-Wöhn tat i ma wintschn, dass des Dilemma, in dem mia olle gsteckt san, fia imma vorbei is!

Insgesaumt hot bei da Bevökarung a schrecklicha Ton gherrscht. Hauptsächli is des va de Impfgegna ausgaunga. Leida is da Unmut daun a scho za de Gimpftn üwagschwappt. Immahin haum se de penibl an de Vorgom va da Regierung ghoitn und haum deswegn de Leit net vastaundn, de net dazua beitrogn haum, dass de Coronafälle hätten weniga wean kenna.

Egal, wo ma hi gheat, hi gschaut hot, Zeitungan glesn oda Fernsehschos gschaut hot, de Corona zum Thema ghobt haum, es woa oafoch nua grausli. Koa Tog is vagaunga, wo net irgandwöche söbst ernaunnten Expertn ernan Senf dazua gem und de Leit nu mea vaunsichat haum. Aun da Togesordnung woan leida kaum positive Mödungen, sondan Beleidigungan, Kränkungan, Valeumdungan, Beschimpfungan, Quereln, Diffamierungan. Mia foin jo goa net olle schlechtn Wörta dazua ei. Oag woan de Fäknjus im Tschetruum, de Demonstrazionen, wo se gaunz gfährliche Leit aughängt haum und eana grauslichs Gedaunknguat glei mit vabratn woitn.

Vülen Damen und Herrn van hohen Haus hot ma nimma guat zuahean kenna. De Gesprächskultur woa, so sogn mia im Woidviertl, untan Hund! Wia kimmt ma ois glernte Östarreicherin dazua, dass ma se so vü Unsinn auhean hot miassn? So laung de ausseplärradn Politika und Innen in da Opposizion san, foit eana nix Gscheits dazua ei, wia ma gemeinsaum auf oan Straung und in oa Richtung zieagn kau. Im Gegnteu, de Kritika hetzn nua auf und bringan nu mea schiache Stimmung eini. De Medien haum mit soiche Mödungan leida a a Freid ghobt, obwois uns olle gschodt haum. Schreckli woa des, wos do ogaunga is!

Obs im Parlament a Leitbüd gibt? I zweife! In jeda kloan Firma wissen de Mitorbeita, wie ma se in ana Debatte richti vahoitn soi. Owa im Parlament nemman se de Parteiheinis koa Blattl voan Mund. Bei uns im Woid4l sogt ma üba soiche Leit: Des geht mit denan auf koa Kuahaut mea. Jo schauman se de goa net? Ma stöht se zwoa sture Ressa voa, wo des oane in de Richtung geh wü und des aundare in de gegngsetzte. Do is`daun gaunz kloa, dass do a Stüstaund vorprogrammiert is und nix weita geht!

Wia i nu kla woa und dahoam glebt hob, haum mia Kinda a oft Diffarenzn ghobt. Oba uns is gsogt woan: Da Gscheidare gibt noch und da Blede foit in Boch.

De Coronafälle in Österreich san ins Unermessliche gstiegn. Des Pflegepersonal in de Kraunknheisa woan aum Limit oda scho driwa. De Soizburga haum scho Leit, de a Bett wegn da Coronaerkraunkung braucht haum, noch Wean ausflieagn miassn. De gebetsmühlenortige Bitte der Regierung, dass se de Menschen impfn lossn soin, is ohne großen Erfoig verhallt. De Blockiera san stua bliem und haum se in eanan Egoismus eizementiert. Se haum oafoch behaupt´, dass` Corona net gibt!

I glaub, es warat zu der Zeit, wo de Coronafälle auffizischt san, guat gwesn, wauns de Schottn glei dicht gmocht hättn. Natirlich is ma im Nochhinein gscheita. Warum haums mi net gfrogt? Es is net ois rund glaufn. De Politika woitn de Leit freiwillig dazua bringa, dass` solidarisch haundln und za da Impfung gengan. Späda hot se de Regierung nimma aussi gsegn und hot den Lockdaun vahängan miassn. De Valiera und de Bledn woan de Gimpftn. Aus da Freiwilligkeit der Impfung is daun a Pflicht woan. Neam is unföhbor!

De meiste Zeit haum mia ÖsterreicherInnen in an Paradies glebt. I hobs domois scho gocht und schau gean zruck auf de schene Zeit. Schee was, waun mia boid wieda durt hi kemma kunntn. Bitte hoitn mia endli wieda zsaum!

Vüle Menschn woin üba des Thema net reden, obwoi des jeden amoi söwa treffn wird!

Maunche fiachtn se davor, i mi derzeit net. A poa wichtige Vorbereitungen hob i scho troffn, wauns soweit is, oba längst nu net olle. I hob a Listn vo vaschiedene Organisationen, de daun verständigt wern soin, auglegt. De Listn hob i scho voa einiga Zeit mein Neffen Martin und da Nichte Tatjana gem. Va de zwoa erwort i mia, dass` beide gemeinsaum mei Begräbnis beziehungsweise den Obschied ausrichten wean, waun da Gerdschi, mei Mau, a scho gstorm is. Gelegentli, soboid wos davo wegfoit oder neich dazua kimmt, sog i eana des, vorausgsetzt, i denk drau. Es soi jo aktuell sei und sie soin net togelaung suachn miassn, um die Daten fia de Verlossenschoft zan eruieren. Immerhin wird die Notarin noch Vamögen und Vabindlichkeiten frogen. Do is es scho hüfreich, waun Aufzeichnungen do san.

Hoffantli wird i nu rechtzeitig mei Parte entwerfn und nochdenkn, wos mit meina Hülle gscheng soi.

Den Text do schreib i noch Ollaheilichen 2023. Mia gengan jeds Johr zua Gräbersegnung, die meistens da Herr Maierhofer in Amaliendorf aum Friedhof durchfiat. Er mocht des zu an Fest, so sogt er dazua. Owa i kau darin koa Feier erkennan. Mia was lieawa, i miassat mei Schwiegamuatta durt goa net besuchen.

Kloar is mia, dass neamd ewig auf da Wöt bleibt. Ma wird geboren, um a sicha wieda zan sterbn. Jeda Mensch hot a letzte Rua vadient. Sooft i mei Schwiegamuatta und Schwägerin am Friedhof besuach, und des ist net nua zu Ollerheilichen so, bin i daunkboa für des wos´ fia mi gmocht haum.

Mei letzte Tant Luise aus Graz is leida a earscht vor a poar Tog varstorm. Wia wird's ihr beim Sterm gaunga sei? Vielleicht erfoa i des nu va meina Cousin Barbara? Sie woa bei ihr und hots begleit.

Nun kumm i drauf zruck, dass i den Tod net fiacht. Mei Aussog entspricht dabei meina derzeitigen Hoitung und mein Gesundheitszuastaund.

Mei Studienkollegin Andrea hot Bauchspeicheldrüsenkrebs und ma gibt ihr nua mehr a poar Monat zan lem. Amoi hots ma a Nochricht gschickt, dass sa se fiacht vorm Tod. Do hob i ma schwa tau, de „richtigen" Worte zan finden. De Chemotherapien und Nebenwirkungen san fuachtboa. Sie fiacht se voa jeda Besprechung im Spitoi und de Aungst is bestimmt schreckli! Meine Telefonate mit ihr san weniga woan, weu i kau ihr net afoch sogn, des wiad scho wieda. Natirli mechat i sie trestn und ihr leise Hoffnung mocha. Owa waun i realistisch bin, kau i ihr nix vorlieagn. Vamutli is es aussichtslos.

Ihr Vazweiflung is riesengroß, weu sie nu so sehr aum Lem hängt. Sie schreibt mia: Liebe Edeltraud, ich möchte noch nicht sterben, aber ich bin ein Wrack! Gean mechat i ihr schreim, dass der Tod a Erlösung sei kunntat. Des warat wia a Stich ins Herz, befiacht i. So hob i ihr amoi gschriem:

Hoffnung ist die Überwindung der Verzweiflung.

Ob der Text der richtige woa? Bestimmte Wörta kennan in so ana Lebensphase sea weh toa. Wos is nu erträgli am letzten Lemsweg? A do föhn mia wieda de passenden Worte!

Da Tod is in Wohrheit nix Fiachtarlix. Des behauptn a jene Menschn, de bereits a Nahtoderfohrung gmocht haum.

Vom Sokrates gibt's an Spruch, der lautet:

Niemand kennt den Tod; es weiß auch keiner, ob er nicht das größte Geschenk für den Menschen ist.